# DRÔLES DE PLANTES

*À Phanthira, ma jolie princesse de Thaïlande...*
*Merci à Charlène, à Véronique et à Juliette !*

rusti'kid est une marque des éditions Rustica

Dépôt légal : septembre 2014
ISBN : 978-2-8153-0550-1
Code MDS : 49842

**www.rustica.fr**
**www.rusticaeditions.fr**

Loi n° 49-956 du 16 juillet 1949 sur les publications destinées à la jeunesse.

PHILIPPE ASSERAY
ILLUSTRATIONS DE CHARLÈNE TONG

# DRÔLES DE PLANTES

CARNIVORES, CACTÉES
ET COMPAGNIE

rusti'kid

# SOMMAIRE

# LES OUTILS QU'IL ME FAUT

Même pour jardiner à la maison, il faut des outils ! Ce ne sont simplement pas les mêmes que ceux que l'on utilise au potager...

## Un bac pour ne pas salir partout

Quand tu manipules des plantes et du terreau à la maison, tu risques de salir, même si tu fais très attention. C'est plus facile de ne pas en mettre partout si tu utilises un bac de rempotage en plastique, avec des bords relevés.

## Cuillère et fourchette

Pour faire les mélanges de terreau, pour remplir les pots ou bien pour nettoyer les racines de tes plantes, tu auras besoin d'une minifourche et d'une petite pelle. Ces petits outils de jardin sont malgré tout souvent trop grands, et c'est bien plus pratique pour toi d'utiliser une vieille fourchette et une vieille cuillère.

Attention, demande bien à tes parents avant d'utiliser fourchette et cuillère pour jardiner !

## Un petit arrosoir

Pour arroser tes plantes, tu auras besoin d'un arrosoir. Choisis un petit modèle, facile à remplir au robinet de la cuisine, puis facile à soulever sans le renverser.

### À long bec !

Les arrosoirs à long bec sont plus pratiques pour apporter l'eau au centre des pots.

## Un petit pulvérisateur

Pour mouiller le feuillage de certaines plantes qui peuvent avoir trop chaud à la maison, ou bien pour arroser doucement le terreau quand tu as semé des graines, utilise un petit pulvérisateur.

## Des gants

Le terreau est noir et salissant. Le contact avec certaines plantes peut être irritant, et te causer des démangeaisons. Ce n'est donc pas obligatoire, mais tu peux porter des gants.

## Différents pots

Rassemble des pots de différentes tailles et formes. Veille impérativement à ce qu'ils soient percés d'au moins un trou à leur base pour que l'eau en trop puisse s'évacuer après l'arrosage.

# J'AMÉNAGE MON JARDIN D'INTÉRIEUR

Tu le sais, les plantes poussent toutes dehors ; certaines dans des pays où il ne fait jamais froid, mais toujours dehors. Pour pouvoir les faire vivre à la maison, tu dois donc essayer de leur apporter tout ce qu'elles auraient si elles étaient dehors...

## Des soucoupes sous les pots

Ces soucoupes servent surtout à recueillir l'eau que le terreau ne peut pas retenir, et qui s'écoule par les trous à la base des pots. Les soucoupes évitent donc d'inonder et de salir ta chambre !

## Et des billes dans les soucoupes

Les racines des plantes détestent très souvent la terre gorgée d'eau. C'est pour ça qu'il faut toujours utiliser des pots avec un ou des trous à leur base. Et c'est aussi pour ça que tu dois remplir la soucoupe de billes d'argile, et poser le pot dessus. Comme ça, même si la soucoupe est pleine, le terreau ne se transforme pas en éponge.

## Mes plantes penchent vers la fenêtre

Ce qu'il manque le plus aux plantes à la maison, c'est la lumière. Toi, tu trouves qu'il fait assez clair pour jouer ou te déplacer au milieu du salon, mais pour les plantes, c'est presque la nuit ! Souviens-toi qu'elles doivent toujours se trouver à moins de 2 mètres d'une fenêtre, sinon, elles vont s'incliner pour se rapprocher de la source de lumière...

## Les petites derrière, les grandes devant !

Rassemble toujours tes plantes. Pour que tu puisses bien les observer et les soigner, et qu'elles profitent toutes de la lumière, utilise une étagère à plusieurs niveaux. Ainsi, les plus petites plantes ne seront pas à l'ombre des plus grandes...

## Mon jardin d'intérieur sur roulettes

Si tu as plusieurs plantes, et pour faciliter le ménage dans le salon ou bien dans ta chambre, tu peux les regrouper sur un plateau à roulettes, une petite brouette, une remorque...

# JE DOMPTE UNE PLANTE CARNIVORE

Les plantes carnivores ne sont pas dangereuses, et tu ne risques pas de te faire mordre ! En revanche, elles sont très faciles à cultiver, et les pièges qu'elles mettent en place pour capturer les insectes sont extraordinaires !

## LA PLUS RIGOLOTE, **LA DIONÉE**

### Elle attrape des insectes. Comment fait-elle ???

Ses feuilles ressemblent à une bouche ouverte. À l'intérieur des feuilles se trouvent trois poils. Quand un insecte pénètre entre les feuilles, et qu'il touche deux poils en même temps, la « bouche » se referme d'un coup sec. L'insecte est attrapé.

### Je teste ses feuilles pièges

On n'a pas toujours la chance d'être présent quand un insecte se fait prendre. Tu peux donc obliger un piège à se fermer pour bien voir à quelle vitesse il réagit. Introduis doucement un brin d'herbe dans la « bouche ». Dès que deux des poils auront été touchés, la feuille se fermera. Attention, ce n'est pas un jeu, et il ne faut pas le faire sans arrêt.

## Comment mange-t-elle l'insecte ?

La plante n'avale pas l'insecte, mais elle produit des substances qui vont le dissoudre. Le liquide obtenu passe alors dans la plante à travers la peau du piège-feuille.

## Je divise ma plante en deux, pour qu'elle pousse mieux

Place-toi sur une table recouverte d'un plastique. Retourne le pot de ta dionée en retenant la plante entre tes doigts, et retire le godet. Avec les mains, sépare doucement les racines des plantes, et replante-les tout de suite dans d'autres pots remplis de tourbe blonde bien humidifiée.

## Les plantes aiment le brouillard

Dans une maison, l'air est plus sec que dehors, et tes plantes carnivores peuvent en souffrir. Si tu n'as pas de terrarium, pose ton ou tes pots dans une soucoupe d'environ 3 cm de haut, remplie de billes d'argile expansée baignant dans de l'eau de pluie. La soucoupe doit être trois fois plus large que le pot qu'elle accueille.

### *Comment l'arroser ?*

La meilleure eau pour tes plantes carnivores, c'est l'eau de pluie. Demande à tes parents si tu peux prélever de l'eau dans la citerne placée sous la gouttière. Garde-la à la maison au moins 24 heures, pour qu'elle prenne la température de la pièce où se trouve ta plante.

# LA GRASSETTE, UNE DRÔLE DE CARNIVORE

C'est une plante qui ne ressemble pas à une plante carnivore, car aucun piège n'est vraiment visible. Et elle fleurit énormément, presque toute l'année. C'est sans doute ce qui trompe les insectes !

## De drôles de feuilles

Ses feuilles forment en effet une rosette au niveau du sol, ce qui fait ressembler la plante à une mâche (tu sais, l'une des salades du jardin) avec des feuilles épaisses.

## Comment attrape-t-elle les insectes ?

La grassette ressemble à une plante de jardin classique sur laquelle les insectes peuvent se poser sans risque. Ses feuilles sont pourtant tapissées de minuscules glandes que l'on ne voit pas à l'œil nu, mais qui crachent doucement une substance grasse qui colle aux pattes des insectes imprudents.

## La bonne terre pour ma grassette

Cette plante n'est pas comme les autres plantes carnivores. Elle ne pousse pas dans la sphaigne, mais dans un mélange à parts égales de perlite, de vermiculite, de pouzzolane et de sable.
Compose toi-même ce mélange avec ces différents matériaux que tu trouveras dans les jardineries ou les magasins de bricolage.

## Je bouture ma plante

En hiver, arrache délicatement quelques feuilles parmi celles qui poussent sur l'extérieur de ta plante. Leur base est presque blanche. Pose ces feuilles à plat dans un récipient dans lequel tu as étalé la terre qui convient à la plante. Appuie un peu sur l'extrémité blanche pour favoriser l'apparition de racines.

# D'AUTRES CARNIVORES MARRANTES

Voici deux plantes carnivores qui cachent bien leur jeu. Elles dissimulent leurs pièges pour mieux capturer les insectes curieux. Découvre-les, elles sont non seulement intéressantes mais faciles à cultiver !

## *Drosera capensis*

Les pièges de cette petite plante qui ne dépasse pas 20 cm de hauteur sont des feuilles fines et longues, avec à leur extrémité, des poils d'où perlent comme des gouttes de colle. Les insectes sont attirés par ces gouttes qu'ils prennent pour de l'eau, et se trouvent rapidement englués. La plante produit alors sa fameuse substance pour dissoudre l'imprudent.

C'est une plante qui pousse vite et qui n'a pas besoin d'être changée de pièce en hiver, contrairement à certaines qui exigent une température inférieure à celle qu'on a généralement dans le salon ou une chambre...

## *Sarracenia minor*

Ses feuilles forment un entonnoir vertical, de 50 à 70 cm de hauteur, avec une sorte de couvercle qu'on appelle urne. Sous ce chapeau se trouvent des glandes à nectar qui attirent et saoulent les insectes.

Ils tombent alors dans le fond où se trouve toujours la fameuse substance digestive, ou bien de l'eau avec des bactéries. L'intérieur du tube est tapissé de poils dirigés vers le bas pour empêcher les insectes de remonter.

La plante a pensé à tout !

Chez certains droséras, les gouttes de « colle » sont rouges, chez d'autres, elles sont transparentes.

## Je crée un terrarium

Si tes parents disposent d'un ancien grand aquarium qui ne sert plus, tu peux le transformer en minijardin pour plantes carnivores.
Au fond, épands une couche de 5 cm de pouzzolane (pierre de lave issue des volcans), et couvre-la avec un morceau de feutre de jardin. Ajoute alors le terreau pour tes plantes. Il faut utiliser du terreau spécial « plantes carnivores », ou bien de la sphaigne du Chili bien humidifiée avec de l'eau de pluie. Une épaisseur de 15 à 20 cm est indispensable. Tu peux alors y planter tes plantes favorites.

## Ma plante a-t-elle assez d'insectes à manger ?

Rassure-toi, les plantes carnivores sont avant tout des plantes, avec des racines qui puisent de la nourriture dans la « terre ». Elles n'ont donc pas besoin de beaucoup d'insectes à leur disposition. Un moustique ou une mouche de temps en temps leur suffit amplement.
Ne t'avise donc pas d'attraper des insectes pour leur donner, car tu risquerais de faire mourir tes plantes d'indigestion !

### Certains insectes capturés semblent ne pas bouger

En fait, il ne reste que la peau de l'insecte, trop dure pour être dissoute par le produit digestif de la plante carnivore. La plante a absorbé tout l'intérieur, puis le reste sera emporté par le vent, ou bien se désagrégera tout seul.

# UN NÉNUPHAR À LA MAISON !

Les nénuphars sont des plantes qui poussent au fond de l'eau, dans des mares et des bassins. Mais certains, les *Nymphaea* hybrides, sont originaires de pays chauds et on doit les cultiver à la maison, comme des plantes d'intérieur…
Ce sont souvent les plus jolis des nénuphars !

## Comment pousse un nénuphar ?

Les feuilles et les fleurs de nénuphar semblent flotter à la surface de l'eau. En fait, elles flottent réellement, mais elles sont reliées à la souche et aux racines par des tiges. Le nénuphar est en effet une plante qui pousse dans la terre au fond de l'eau…

## Quel pot pour mon nénuphar ?

Attention, un nénuphar doit absolument être planté dans l'eau ! Demande à tes parents d'acheter un grand seau, comme un modèle « à vendange » de 14 litres au moins. C'est un grand seau noir en plastique, aussi large que haut, qui convient bien à ton nénuphar.

## Je prépare le seau

Si le nénuphar pousse dans l'eau, ses racines s'accrochent néanmoins dans de la terre. Mélange donc de la terre de ton jardin avec du terreau pour plantes aquatiques. Compte autant de terre que de terreau. Verse ton mélange sur environ un quart de la hauteur du seau. Couvre ensuite complètement la terre avec des galets.

## Je remplis le seau avec de l'eau de pluie

L'eau du robinet peut contenir des choses qui ne plaisent pas au nénuphar. Il est donc préférable que tu utilises de l'eau de pluie. C'est facile si tes parents ont mis en place une cuve près de leurs gouttières. Verse doucement l'eau sur les galets pour remplir le seau sans trop remuer la terre.

## Choisis-le bien !

Attention, il faut absolument acheter un nénuphar qui pousse à une faible profondeur !

## Je plante mon nénuphar

D'abord, remonte bien tes manches ! Plonge tes mains dans l'eau, et retire quelques galets au centre du seau. Immerge ta plante, et enfonce ses racines dans la terre. Remets les galets en place. Ils vont aider la plante à tenir en attendant que ses racines s'accrochent toutes seules.

## Puis-je le mettre dehors ?

Oui, dès que la température ne descend plus au-dessous de 15 °C, tu peux mettre ton seau dehors, en plein soleil. Il faudra simplement que tu penses à remettre un peu d'eau tous les jours pour compenser celle qui va s'évaporer.

# J'AI UNE PLANTE PRÉHISTORIQUE DU DÉSERT...

Voici une plante idéale pour épater les copains et les copines. Elle présente en effet la particularité, alors qu'elle paraît morte, de s'ouvrir et de retrouver sa couleur verte en quelques heures...

## Quelle est donc cette plante étrange ?

On l'appelle rose de Jéricho. Mais ce n'est pas du tout une rose, comme celles que tu as l'habitude de voir ou de sentir au jardin, et elle ne vient pas du tout de la ville de Jéricho, en Palestine. Elle ressemble en effet davantage à une salade avec des feuilles de fougère, et elle pousse dans un désert au nord du Mexique ! Comme les fougères, elle ne produit pas de fleurs, et ses « graines » sont des spores qui apparaissent sur les feuilles.

## Où vit-elle ?

Cette plante vit dans des terres très sèches, et même sur des rochers, sans terre du tout ! En fait, ses compagnons habituels, ce sont plutôt les cactus.

### Préhistorique ?

Les spécialistes ont découvert des ancêtres de la rose de Jéricho dont l'âge a été estimé à 400 millions d'années. À l'époque, elle formait de véritables arbres...

## Elle peut vivre très longtemps sans eau

Les cactus forment un tronc qui leur sert de réserve d'eau, et on comprend facilement qu'ils peuvent supporter de longs mois sans eau.

Pour la rose de Jéricho, c'est autre chose : dès qu'il pleut et que le sol est humide, elle s'ouvre, formant comme une coupe. Puis elle se referme en rabattant ses tiges pour conserver l'humidité en son cœur. Elle est alors capable de vivre au ralenti, tout doucement, pour ne pas gaspiller sa précieuse réserve.

## J'ai le pouvoir de la faire s'ouvrir en quelques heures...

**1** Le matin, alors que tes amis arrivent, place devant eux ta rose de Jéricho dans une assiette creuse et vide. Verse un peu d'eau dans le fond, et allez jouer.

**2** Revenez quelques heures plus tard. L'espèce de boule brune et toute sèche s'est ouverte et est devenue verte...

## Une autre plante-chameau : le tillandsia

Cette plante pousse hors de terre sur les arbres ou sur les cailloux. Elle absorbe l'humidité par ses feuilles ; ses racines en étant incapables... Et elle fait des fleurs ! Tu peux l'accrocher à un morceau d'écorce et suspendre ce dernier au montant d'une étagère ou de ton lit superposé.

# JE FAIS FLEURIR UNE JACINTHE POUR NOËL

La jacinthe est une plante qui pousse vite, et qui peut fleurir à la maison un mois après avoir été plantée dans un pot. Il suffit de lui faire prendre froid en novembre...

## Une jacinthe : qu'est-ce que c'est ?

Une jacinthe est une fleur issue d'un bulbe, comme une tulipe, un narcisse ou un crocus. On la plante au jardin en octobre ou en novembre, et elle fleurit au printemps. Elle est généralement très parfumée.

## Je lui fais croire que c'est l'hiver...

La jacinthe fleurit donc au printemps, après que son bulbe a subi une période de froid. Pour le faire fleurir à Noël à la maison, il faut le mettre dans le bac à légumes du réfrigérateur, au cours de la deuxième quinzaine de novembre, et l'y laisser environ quinze jours.

## Je plante le bulbe dans un pot

**1** Début décembre, procure-toi un pot de terre, et remplis-le jusqu'à 4 cm du bord, avec un mélange de terre de jardin et de sable à parts égales. Arrose un petit peu.

**2** Sors le bulbe du réfrigérateur, et pose le bulbe au milieu sur la terre humide, pointe en l'air. Remets de ton mélange terre-sable tout autour, jusqu'à la moitié de la hauteur du bulbe. Mets le pot près d'une fenêtre, dans une soucoupe.

## Je surveille ma jacinthe forcée…

Rapidement, des feuilles d'abord, puis une hampe florale vont sortir au sommet du bulbe. Arrose régulièrement autour du bulbe, pour nourrir la terre et pour alourdir le pot qui sera ainsi plus stable. Pour éviter que la tige qui porte la fleur ne s'incline trop vers la fenêtre, pense à faire pivoter le pot d'un quart de tour tous les jours.

### Un hiver tout parfumé

Pour profiter plus longtemps du parfum à la maison, mets un bulbe de jacinthe au réfrigérateur tous les 15 jours à partir du début de novembre.

# JE FAIS POUSSER UN AVOCAT !

L'avocat, c'est non seulement la personne en grande robe noire qui défend les gens qui sont jugés au tribunal, mais c'est aussi une plante qui pousse naturellement en Amérique centrale. Chez nous, on mange son fruit, après avoir retiré le noyau...

## Je récupère un noyau

En été, lorsque tes parents prévoient de manger de l'avocat, demande-leur de te garder un ou deux noyaux. Passe-les sous l'eau du robinet pour les débarrasser de la chair verte qui y est restée attachée. Essuie-les avec du papier absorbant.

# Je place mon noyau à germer dans l'eau

Prends une bouteille en plastique vide. Demande à l'un de tes parents de couper la base à environ 8 cm du fond, puis le haut, également à 8 cm du sommet. Demande-lui de retirer le bouchon.

**1** C'est alors à toi de jouer : pose cette partie haute, sans son bouchon, à l'envers dans la partie basse. Force un peu pour que les deux parties soient bien coincées. Verse de l'eau dans ton installation jusqu'à ce que l'eau remonte un peu dans l'entonnoir.

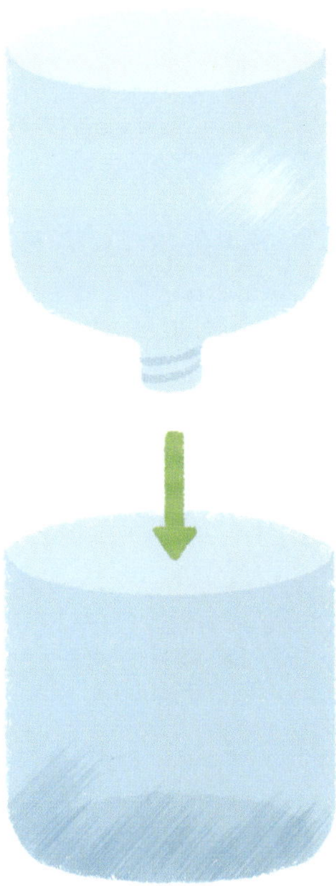

**2** Il ne te reste plus qu'à poser un noyau au fond de l'entonnoir, partie pointue vers le haut. Attention, l'eau ne doit atteindre que la partie basse du noyau. Vérifie bien tous les jours le niveau d'eau, et complète si nécessaire.

# Je plante ma nouvelle plante dans un pot

**1** Quand les racines atteignent 4 ou 5 cm de longueur, tu peux retirer ton noyau de l'entonnoir pour le planter dans un pot rempli de terreau. Attention, manipule délicatement ton noyau pour ne pas casser les racines qui sont fragiles.

**2** Demande à tes parents un pot de terre cuite de 12 à 15 cm de diamètre, et remplis-le aux deux tiers avec du terreau pour plantes d'intérieur.

Tiens ton noyau d'une main, de manière que les racines touchent le terreau, puis verse encore du terreau, doucement, pour que le noyau soit enterré jusqu'à la moitié de sa hauteur. Arrose un petit peu pour que le terreau colle bien aux racines.

**3** Le noyau ne va pas tarder à s'ouvrir en deux dans le sens de la hauteur, et une tige va sortir de cette fente. Tu assistes à la naissance de ton avocatier... Place le pot à proximité d'une fenêtre.

## Coupe-lui la tête plusieurs fois !

Quand la plante atteint 20 ou 30 cm de hauteur, demande un sécateur pour couper la tige 1 cm au-dessus d'une feuille. Deux nouvelles tiges vont apparaître. Tu les couperas à leur tour, pour obtenir encore deux fois deux tiges.

Si tu ne tailles pas ton avocatier, il poussera quand même, mais il n'aura qu'une seule tige et ne sera pas très beau.

## D'autres noyaux de plantes exotiques à faire germer...

L'avocat n'est pas la seule plante exotique que tu peux essayer de semer. Ça marche aussi avec le noyau de litchi ou bien avec l'amande extraite du noyau d'une mangue... La seule différence, c'est que tu peux les mettre directement dans du terreau.

# JE CULTIVE DES CACAHOUÈTES !

Tu connais, bien sûr, les cacahouètes de l'apéritif ! Mais ce que tu ne sais peut-être pas, c'est qu'elles proviennent d'une plante, l'arachide, que tu peux faire pousser chez toi pour récolter tes propres cacahouètes... Marrant, non ?

## Je fais germer les graines dans du coton

Demande deux disques de coton à démaquiller à tes parents. Au printemps, mets trois graines d'arachide entre les deux, puis fais couler un peu d'eau tiède dessus pour imbiber le coton.
Une semaine plus tard, soulève doucement le coton du dessus. Les graines devraient avoir commencé à germer.

## Je sème dans une terrine

1. Procure-toi un pot, un vieux plat à four, une cuvette ou tout autre récipient d'environ 40 cm de diamètre, et dans lequel tu puisses mettre environ 8 cm de terreau. Au milieu du terreau, fais un trou grand comme la paume de ta main, de 3 cm de profondeur.

**2** Dépose tes graines germées, à plat, en les écartant bien. Recouvre de terre et tasse un peu avec la main, en faisant attention de ne pas abîmer les germes. Arrose doucement pour bien humecter la terre.

## Je surveille mes jeunes plantes

Place ton pot dans une pièce de la maison où il fait chaud, au moins 20 °C. L'idéal, c'est sur un radiateur. Surveille tous les jours que la terre reste mouillée. Elle ne doit pas être détrempée, mais toujours humide. Si nécessaire, ajoute un peu d'eau.

Soit patient ! Il faut attendre 3 ou 4 semaines pour voir sortir les plantules. Quand elles ont toutes montré le bout de leur nez, place la terrine près d'une fenêtre, car les arachides ont besoin de beaucoup de lumière.

## Les fleurs s'enterrent toutes seules !

Tes plantes vont pousser pour atteindre une trentaine de centimètres de hauteur. Puis elles vont former des jolies fleurs jaunes. S'il fait chaud dehors, tu peux sortir la terrine.

À partir de ce moment, observe bien les fleurs. Leurs tiges vont s'incliner progressivement jusqu'à ce que les fleurs touchent le terreau. Puis les fleurs vont disparaître dans le terreau pour se transformer en cacahouètes, à l'abri des regards, un peu comme les pommes de terre.

### Où trouver des graines de cacahouètes ?

Attention, les cacahouètes grillées que l'on trouve au supermarché ne germent pas ! Il faut acheter des graines d'arachide dans une animalerie. Ces graines font en effet partie de l'alimentation des oiseaux et notamment des perroquets... Inutile d'en acheter un kilo, quelques-unes suffisent !

**Quel cirque !**

**Les tiges florales sont inclinées et reliées à la terre, un peu comme les câbles qui retiennent un chapiteau.**

## Je récolte mes cacahouètes

Quand le feuillage est complètement fané, en général en octobre, tu peux récolter tes arachides. Il te suffit de saisir la plante et de l'arracher délicatement. Tu devrais trouver quelques cacahouètes mélangées aux racines. Elles ressemblent à celles que l'on achète avec leur coque, mais les tiennes sont blanchâtres, car à l'abri de la lumière, et non grillées...

## Je déguste mes cacahouètes

Pour manger tes cacahouètes, il faut d'abord les faire griller. Demande à un adulte de faire chauffer le four à 180 °C, après avoir retiré la lèchefrite. Décortique tes cacahouètes et étale-les sur du papier sulfurisé dans la lèchefrite. Il faut ensuite la placer au milieu du four, et laisser cuire pendant 25 minutes. Mets les cacahouètes sorties du four dans un récipient. Verse un peu de sel pendant qu'elles sont chaudes, et attends qu'elles refroidissent avant de les déguster !

# DES CAILLOUX QUI FLEURISSENT !

Non, ce ne sont pas de vraies pierres, mais des plantes qui ressemblent à des cailloux. Comme les cactus, elles poussent naturellement dans des pays où les pluies sont rares. Tu peux t'amuser à en cultiver chez toi, dans un pot ou une terrine.

## Des plantes-cailloux ?

On les appelle « plantes-cailloux » car elles sont souvent grises et marbrées, comme les pierres autour d'elles. Ces plantes n'ont pas de tiges, et sont souvent simplement composées d'une paire de feuilles au ras du sol. Elles offrent ainsi moins de surface aux rayons du soleil, et elles ont moins chaud ! Chaque année, elles fleurissent, et produisent une ou plusieurs paires de nouvelles feuilles...

### Succulentes ?

Les feuilles sont dites « succulentes », car elles sont épaisses et gorgées d'eau.

## Je plante des cailloux vivants

1. Installe ta plante-caillou dans un pot de terre cuite, plus large que haut et en forme de coupe, comportant impérativement au moins un trou à sa base pour évacuer l'eau d'arrosage. Choisis un pot juste un peu plus grand que ta plante.

**2** Sors ta plante du pot en plastique dans lequel tu l'as sans doute achetée, et avec une fourchette, retire délicatement le terreau autour des racines.

**4** Arrose alors un petit peu pour que le terreau colle bien aux racines. Pas trop ! Un demi verre d'eau suffit.

**3** Puis verse du terreau dans ton nouveau pot et installes-y ta plante en répartissant bien les racines dans tous les sens. Attention, il te faut du terreau « spécial cactées ».

### Une terre bien sèche

Pour les plantes-cailloux, mieux vaut que la terre sèche vite dans le pot.

# Je divise mes cailloux pour en offrir aux amis

**1** Après deux ou trois ans, ta plante a formé d'autres paires de feuilles. Sors-la de son pot et retire le terreau autour des racines, en grattant avec une vieille fourchette.

Le meilleur moment pour planter ta plante-caillou, c'est au printemps.

**2** Sépare délicatement les paires de feuilles avec leurs racines. Pour ça, prends une paire dans chaque main, puis tire doucement pour les détacher, sans trop abîmer les racines. Ce n'est pas grave si quelques racines se cassent.

Comme ta plante-caillou produit de nouvelles feuilles tous les ans, il finit par y en avoir beaucoup ! Partage !

**3** Replante alors immédiatement chaque nouvelle plante dans son propre pot, comme tu as fait au départ avec ta première plante. N'oublie pas d'utiliser du terreau pour cactées, puis surtout de les arroser un peu ! Tu peux ainsi en offrir à tes amis, ou procéder à des échanges avec ceux qui cultivent aussi ces étranges plantes...

## Quelques plantes-cailloux faciles à cultiver

*Conophytum wettsteinii* est une drôle de plante aux feuilles vert pâle au-dessus desquelles apparaissent des fleurs pourpres.
*Conophytum x marnierianum* est très facile à cultiver. Ses feuilles sont ponctuées de brun, et elle porte des fleurs mariant le jaune et le pourpre.
*Pleiospilos nelii* a des feuilles finement ponctuées de vert foncé, et de grandes fleurs jaune pâle.
*Lithops aucampiae*, aux feuilles marbrées de brun, et aux fleurs jaune d'or.

# TIMIDE, MA PLANTE REPLIE SES FEUILLES QUAND JE LA FRÔLE

*Mimosa pudica* est une plante étrange par son comportement. Quand quelque chose frôle l'une ou plusieurs de ses folioles, ces dernières se replient instantanément... C'est la plus courante des sensitives, mais elle n'est pas la seule au monde à réagir ainsi.

## Pourquoi réagit-elle ainsi ?

En fait, il s'agit d'une réaction de protection face aux animaux qui auraient envie de la croquer ! En repliant ses feuilles, elle devient nettement moins appétissante. Ce phénomène tout à fait normal est naturel. Plus il fait chaud, vers 25 °C, et plus le repli est rapide. La feuille reprend ensuite sa forme initiale au bout de quelques minutes, mais cette fois de manière lente et à peine perceptible à l'œil.

## Je sème ma sensitive

Au printemps, prépare un « terreau » avec de la tourbe, du sable et du compost, et remplis-en un pot. Dépose quelques graines à la surface et arrose doucement avec de l'eau de pluie. Place le pot près d'un radiateur, et veille à ce que le terreau soit toujours un peu humide. Au cours de l'été suivant, ta plante portera même des fleurs en pompon roses.

## La salle de bains, le meilleur emplacement pour ma timide ?

La sensitive apprécie les ambiances chaudes, avec une humidité de l'air importante. La salle de bains est donc un bon emplacement si elle dispose d'une fenêtre.
Sinon, tu peux aussi l'installer dans le terrarium où tu as planté des végétaux carnivores.

# QUIZ

## ON TROUVE PARFOIS DES CHAMPIGNONS QUI POUSSENT EN FORMANT UN CERCLE. COMMENT APPELLE-T-ON CE PHÉNOMÈNE ?

**1.** Un champirond

**2.** Un rond de sorcières

**3.** Un cercle de fées

**4.** Un anneau de Saturne

Réponse : 2 et 3. Les champignons sont la partie visible de la plante, un peu comme la floraison d'un filament blanc souterrain, le mycélium. Si une spore (une « graine ») de champignon tombe dans un endroit favorable, elle développe du mycélium qui part dans toutes les directions, un champignon se formant aux extrémités de chaque filament, pour finalement dessiner un cercle.

## Quel mammifère a-t-on déjà trouvé pris au piège d'une plante carnivore ?

**1.** Un mulot

**2.** Un écureuil

**3.** Un chat

Réponse : 1. De petits rongeurs, comme les mulots, tombent parfois dans l'urne de certains gros Nepenthes.

## Un bulbe peut-il pousser si on le plante à l'envers ou sur le côté ?

Réponse : la plupart des bulbes ont une extrémité plus ou moins pointue, et qui doit être dirigée vers le haut lors de la plantation, car c'est de cette pointe que sort la nouvelle tige. Mais le bulbe peut toutefois pousser s'il est incliné. La tige sort quand même, mais se redresse pour sortir de terre.

Quel est le diamètre des feuilles du plus grand nénuphar du monde ?

1. 0,30 mètre
2. 1 mètre
3. 3 mètres

*Réponse : 3. Le nénuphar géant vit dans les eaux chaudes de l'Amazonie, au Brésil.*

LE NOM BOTANIQUE DE LA SENSITIVE EST *MIMOSA PUDICA*. EN REVANCHE, LE NOM BOTANIQUE DE L'ARBUSTE APPELÉ MIMOSA QUI FLEURIT JAUNE ET SENT BON EN HIVER, N'EST PAS *MIMOSA*. QUEL EST-IL ?

1. *Acacia*
2. *Grevillea*
3. *Nandina*

*Réponse : 1.*

Quelle est cette autre plante à bulbe qui, comme la jacinthe, fleurit au printemps, parfois même à travers la neige, et a des clochettes blanches ?

1. Le muguet
2. L'ornithogale
3. Le perce-neige

*Réponse : 3. Le perce-neige, comme son nom l'indique ! C'est une petite plante qui pousse en touffe, avec des clochettes blanches retombantes.*

L'avocat dont tu as fait germer le noyau est une plante tropicale. Mais où peut-elle pousser, ailleurs que dans un pot à la maison ?

1. Dans les grandes serres des jardins des plantes
2. Au tribunal
3. Dans les jardins corses

*Réponse : 1 et 3.*

# JE CRÉE UNE MINIFORÊT DE CACTUS

Les cactus sont des plantes faciles à cultiver à la maison et même dans ta chambre. Ils présentent souvent des formes marrantes et peuvent faire l'objet de collections à partager. Certes, ils piquent, mais seulement si tu t'en approches trop près !

## Je saisis mon cactus sans me piquer

Prends une feuille de papier journal, puis plie-la sur elle-même pour former une bande épaisse. Entoures-en ton cactus, saisis-le et serre les deux extrémités de ta bande avec les doigts d'une de tes mains. Tu peux ainsi le changer de pot.

## Je change mon nouveau cactus de pot

Le cactus que tu achètes est toujours vendu dans un petit pot de plastique. Il faut le changer de pot pour qu'il puisse vivre longtemps. Retire-le doucement de son pot.

Avec une petite fourchette, fais délicatement tomber la « terre » qui reste accrochée aux racines. Pose ton cactus sur la table.

## Le bon terreau

Les cactus ne poussent pas dans du terreau pur ou dans la terre de ton jardin. Dans ton pot, tu dois mettre un terreau spécial pour les cactus, que tes parents trouveront en jardinerie. Mais tu peux aussi en fabriquer un toi-même en mélangeant deux poignées de sable, une poignée de terre du jardin, et une poignée de terreau que tes parents utilisent pour leurs plantes de la maison.

# Je plante mon petit cactus dans son pot

**1** Choisis un pot de terre cuite. Remplis-le sur un tiers de sa hauteur avec du gravier. Cela aidera l'eau à s'évacuer rapidement par le trou au fond.

**2** Approche ton cactus avec ses racines à l'air. Tiens-le et incline-le pour ne pas te piquer le temps de finir de remplir le pot avec le terreau.

**3** Redresse-le enfin, et tasse un peu tout autour avec les doigts. N'arrose surtout pas ! Attends environ une semaine avant d'apporter un peu d'eau.

## Je crée une forêt de cactus

Si tu aimes les cactus, amuse-toi à les rassembler dans un récipient plat comme un vieux plat à four. Il faut juste demander à l'un de tes parents de le percer au fond. Remplis-le de gravier avec ton mélange « maison ». Puis plante tes différents cactus, sans trop les serrer.
Tu peux même disposer des gros cailloux à la surface pour que cela ressemble à un vrai paysage aride.

## Un cactus aux fleurs phosphorescentes

Voici un petit cactus en boule qui devrait te permettre d'épater tes amis ! En effet, non seulement il produit des petites fleurs jaunes marrantes, mais ces fleurs sont « lumineuses » dans le noir ! Son nom est *Notocactus graessneri*... Mais il n'est pas facile à trouver. Tes parents vont devoir le chercher sur Internet.

## Je prends soin de mes cactus

Apprends d'abord à les arroser : seulement une fois par mois, pas plus, en immergeant le pot un quart d'heure dans une bassine. C'est tout !
Sinon, il faut que tu penses à les dépoussiérer avec un pinceau neuf à poils longs, tous les mois également.

# JE FAIS POUSSER DES CHAMPIGNONS DANS MA CHAMBRE !

Pour faire pousser des champignons chez toi, tu dois d'abord te faire offrir une boîte dans laquelle il y a du terreau spécial contenant les germes de champignons, puis de la terre. Les champignons n'existent pas sous forme de graines en sachets comme les radis…

## Je prépare le terreau dans la caisse

Ouvre la boîte que tu as reçue. Tu vas y trouver une caisse dans laquelle tu dois étaler le terreau que l'on appelle ici « compost ». C'est dans ce compost que se trouvent les germes de champignon. Laisse la caisse ouverte et place-la dans un endroit où la température est comprise entre 20 et 25 °C.

## Je surveille la pousse des bébés champignons

Au bout de trois jours, recouvre le compost avec la terre fournie dans la boîte, et pose le couvercle en le laissant entrouvert.

**Quand on voit apparaître le mycélium (les racines), l'idéal est de placer la caisse au sous-sol ou dans la cave…**

Pendant une semaine ou un peu plus, de fines « racines » blanches, que l'on appelle mycélium, vont sortir du compost et envahir la terre. C'est depuis ces racines que vont apparaître les champignons. Quand le mycélium est visible à la surface, place ta caisse dans un endroit plus frais où la température avoisine 15 °C.

## Les bébés champignons arrivent !

Veille à ce que la terre ne sèche pas. Tu peux la mouiller tous les jours à l'aide d'un petit pulvérisateur. Environ une semaine plus tard, les premiers champignons vont apparaître. Tout petits, ils sont fragiles ! N'y touche pas encore... Continue à humidifier la caisse tous les jours, et observe tes champignons grandir.

## Je récolte mes champignons de Paris !

Tu peux récolter tes premiers champignons une semaine après leur sortie de terre. Pour la cueillette, voici comment procéder : saisis délicatement le champignon entre deux doigts par le chapeau, et tourne-le doucement pour le libérer du mycélium. Tu peux alors le sortir délicatement de terre...

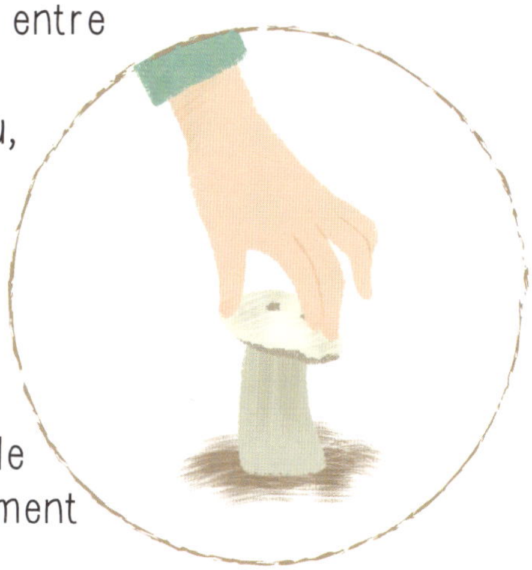

### Où trouver ces champignons ?

Tes parents peuvent commander des champignons à la Ferme de Sainte-Marthe (www.fermedesaintemarthe.com ou au 0891 700 899)

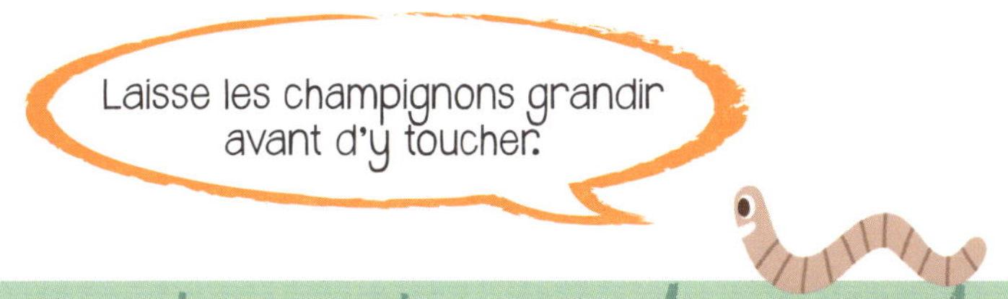

# LES FRUITS DE MA PLANTE EXPLOSENT ET ÉJECTENT LEURS GRAINES

Cette plante est chatouilleuse et très susceptible ! Si tu touches à ses fruits avec ton doigt, elle éjecte ses graines. Prends garde à toi ! Ce n'est pas dangereux, mais vraiment spectaculaire...

## Quelle est cette drôle de plante ?

La balsamine a, de juillet à octobre, des fleurs rose et blanc qui en fanant font place à un fruit dont la coque est comme montée sur des charnières élastiques. À maturité, l'ouverture du fruit se fait d'un coup sec, et les graines sont envoyées au loin, jusqu'à deux mètres de la plante. C'est pour cette raison que cette plante est considérée comme invasive, et que l'on en trouve souvent en grande quantité au même endroit.

## Je sème des balsamines

Prépare un mélange avec du terreau à semis et de la terre de jardin, à parts égales. Remplis-en un pot d'au moins 15 cm de profondeur. Dépose deux ou trois graines à la surface, et enfonce-les à peine, sans les recouvrir. Arrose délicatement.
L'idéal, c'est d'utiliser un petit pulvérisateur.

**La balsamine est une plante annuelle. Ses graines tombées au sol germent au printemps.**

## Je prends soin de ma plante explosive

Place ton pot dehors, à l'ombre, et veille à ce que la terre reste toujours humide. Pour être certain de ne pas oublier, laisse le pulvérisateur à côté du pot, et prends l'habitude d'arroser ton semis tous les matins avant de partir à l'école...

Les premières fleurs vont apparaître deux mois après le semis.

Pour faire durer ton jeu plus longtemps, tu peux effectuer un semis tous les mois d'avril à juin.

## Je m'amuse à faire exploser les fruits entre mes doigts...

Les fruits sont allongés et terminés par une petite pointe. Pour faire réagir la balsamine et l'obliger à expulser ses graines, pince doucement le fruit entre le pouce et l'index, du côté opposé à la petite pointe. Les graines sont alors projetées vers l'avant.

Tu peux récupérer les graines de balsamine pour réaliser d'autres semis.

# UNE PLANTE QUI DANSE

Voici une plante marrante car elle bouge quand il y a du bruit ou quand il y a de la lumière. Pour épater tes amis, fais-la remuer au son de ta voix ou avec une lampe torche !

## Quelle est cette plante étrange ?

Originaire du sud de l'Asie, les botanistes l'appellent *Desmodium motorium* ou *Desmodium gyrans*. Certaines de ses feuilles bougent presque constamment, et surtout suffisamment vite pour apercevoir ce mouvement avec nos yeux, pour capter un maximum de rayons du soleil.

### Où trouver cette plante ?

Tu peux commander cette plante qui danse chez Radis et Capucine, www.radisetcapucine.com ou 02 41 18 28 34.

## Je fais germer les graines

Dispose quatre ou cinq graines sur un coton à démaquiller que te donneront tes parents. Place le coton à plat dans une petite soucoupe, puis fais couler un peu d'eau pour l'humidifier. Laisse la soucoupe près d'un radiateur, car ces graines en forme de haricot noir ont besoin de chaleur pour germer. Sois patient car les plantules attendent parfois trois semaines pour sortir !

## Je sème ma plante danseuse dans un pot

Cette plante pousse dans de la terre de bruyère. Demande à tes parents s'ils n'ont pas un sac où il en reste un peu. Remplis-en un pot, et fais trois trous en triangle bien éloignés les uns des autres, juste de la profondeur de ton ongle. Dépose une graine germée dans chacun des trous. Recouvre de terreau, puis arrose avec un pulvérisateur contenant de l'eau de pluie.

### Terre de bruyère ?

C'est la terre dans laquelle poussent les azalées et les rhododendrons au jardin.

## Les trucs pour faire bouger ses feuilles

Approche une lampe de ta plante, et déplace-la tout autour. Les feuilles vont se tourner aussitôt pour suivre cette lumière...
Tu peux aussi les faire bouger en approchant une source musicale, un lecteur MP3 ou autre...

## Ma plante a besoin de lumière

Quand la plante aura commencé à pousser, place le pot près d'une fenêtre ou dans une véranda. Il faut bien l'arroser en été, mais veiller à ce que l'eau ne reste pas dans le terreau ! N'oublie pas de poser le pot dans une grande soucoupe remplie de billes d'argile ou de gravier.

# DEVINETTES

Je pousse parfois dans le désert, je suis vert, couvert d'épines… mais je ne suis pas un cactus. Que suis-je ?

*Réponse : je suis une euphorbe, une plante qui peut en effet ressembler au cactus. Ma sève est toujours toxique, et il faut éviter de me toucher.*

TU AS PEUT-ÊTRE CRÉÉ UN JARDIN DE CACTUS DANS TA CHAMBRE… MAIS SAIS-TU QUEL DIAMÈTRE FAIT LE TRONC DU PLUS GROS CACTUS DU MONDE ?

**1.** 0,30 mètre

**2.** 1 mètre

**3.** 1,50 mètre

*Réponse : 3. Le plus gros des cactus se trouve au Mexique. C'est le cactus cardère. Il peut mesurer plus de 15 mètres de hauteur, et son tronc principal peut dépasser 1,50 mètre de diamètre ! Il forme ainsi un énorme tonneau capable de stocker 10 tonnes d'eau. De quoi résister à la sécheresse durant plusieurs années…*

Quel plat à base de cacahouètes est très apprécié en Thaïlande ?

**1.** Le nem

**2.** Le Pad Thaï

**3.** Le rouleau de printemps

*Réponse : 2. Les nouilles sautées à la thaïlandaise, couramment appelées Pad Thaï, sont connues dans le monde entier !*

## La balsamine n'est pas la seule plante à se libérer de ses graines de manière originale. Sais-tu comment procède le concombre péteur ?

1. Il fait des prouts malodorants pour que les oiseaux ne mangent pas ses graines.
2. Ses fruits tombent au sol en explosant comme des pets.
3. Il fait du bruit quand il a éjecté ses graines.

*Réponse : 2. Cet étrange concombre, qui ne se mange pas, produit de petits fruits qui tombent dès qu'on les touche. Ils éclatent alors pour libérer leurs graines.*

## SORTIR MES PLANTES D'INTÉRIEUR DANS LE JARDIN PEUT-IL LEUR FAIRE DU BIEN ?

*Réponse : oui, bien sûr. Mais ne les sors surtout pas quand la température extérieure est supérieure à celle de l'intérieur de la maison, ni quand il fait une chaleur caniculaire dehors. Place en outre toujours tes plantes à l'ombre et à l'abri des courants d'air.*

## Quel est le rapport entre les parasites des cactus… et les yaourts ?

*Réponse : les cactus sont parfois attaqués par des petits insectes farineux que l'on appelle « cochenilles ». Ils ne sont pas dangereux pour tes cactus s'ils ne sont pas nombreux. Ces insectes possèdent en eux une substance rouge que les professionnels utilisent pour donner la couleur rouge à certains de nos aliments de tous les jours… notamment aux yaourts !*

# LES PLANTES MANGENT LA LUMIÈRE

Sais-tu que les plantes ne peuvent pas vivre sans lumière ? En fait, elles ne peuvent pas « digérer » dans le noir... Elles n'ont pas d'estomac, comme nous ou comme les animaux, mais leurs feuilles sont de véritables usines à nourriture, qui fonctionnent avec la lumière.

## Comment les plantes se nourrissent-elles ?

Les racines puisent dans la terre, dans l'eau ou dans l'air, les éléments de base de la nourriture des plantes. Mais cette nourriture est rarement prête à consommer, et il faut la transformer. La plante possède donc ses propres cuisines...

## Les feuilles, cuisines des plantes...

C'est dans les feuilles que la plante cuisine la sève puisée par les racines. Dans ces feuilles-cuisines, il n'y a point de fourneaux. C'est la lumière qui transforme automatiquement la sève des racines en aliments qui vont être ensuite redistribués dans toute la plante, y compris dans les racines.

## Les plantes à la maison ne voient pas le soleil...

C'est pourquoi tu dois toujours placer tes plantes d'intérieur à proximité d'une fenêtre, afin qu'elles profitent d'un maximum de lumière, et qu'elles puissent bien se nourrir.

Même si tu leur donnes de l'engrais, elles ne pourront pas l'utiliser si elles manquent de lumière...

## Où y a-t-il le plus de lumière à la maison ?

Les pièces disposant de grandes fenêtres ou baies vitrées sont celles qui offrent le plus de chances à tes plantes. Mais retiens bien qu'à 2 mètres en face de la fenêtre, et même si tu ne t'en aperçois pas, il y a déjà deux fois moins de lumière que dehors.

## La lumière du plafond est-elle utile ?

Non, d'abord, les ampoules sont trop loin des plantes, et en plus, elles diffusent une lumière un peu jaune qui ne sert à rien aux plantes.
À la rigueur, tu peux placer une lampe près de tes plantes, mais avec une ampoule spéciale dite « lumière du jour ».

# J'ARROSE MES PLANTES D'INTÉRIEUR

Tu le sais, la terre ou le terreau sèchent très vite dans les pots. Tu dois donc arroser tes plantes plus souvent que si elles étaient plantées dans la terre, au jardin. Mais fais attention, car les racines n'aiment pas non plus quand il y a trop d'eau...

## Les plantes en pots aiment bien le bain

Pour être sûr que le terreau soit bien humide jusqu'à son milieu, mets plutôt ton pot dans une petite bassine que tu remplis d'eau jusqu'à la moitié de la hauteur du pot. L'eau va doucement rentrer par le trou de la base, et imprégner la motte jusqu'à son cœur. On appelle ça « la capillarité ».

## Un arrosoir

L'arrosoir est l'accessoire le plus pratique pour arroser pot par pot. Choisis un petit modèle. Il ne contient pas beaucoup d'eau, mais il est moins lourd qu'un gros et beaucoup plus facile à manipuler.

### À long bec

Préfère un arrosoir avec un long bec. Non seulement, il permet d'atteindre plus facilement le centre de la motte au pied de tes plantes, mais il permet d'arroser doucement. Il faut en effet que l'eau coule lentement pour lui laisser le temps de bien s'infiltrer dans la terre ou le terreau.

## Un pulvérisateur

Si tes parents n'ont pas de petit pulvérisateur, demande-leur de te garder un flacon pulvérisateur de produit à vitres quand il sera vide. Rince-le bien plusieurs fois, et remplis-le d'eau.
Le pulvérisateur permet de mouiller délicatement le feuillage de tes plantes en pots à la maison. Cela retire la poussière et leur permet de moins souffrir de la chaleur. Tu peux aussi utiliser ce pulvérisateur pour arroser les graines que tu as semées, sans risquer de déplacer la terre...

## Un accessoire bien pratique

Si tu veux être sûr de bien arroser la terre de tes plantes en pots, tu peux aussi utiliser un accessoire que l'on trouve dans les jardineries. C'est un cône en céramique poreuse sur lequel tu visses une petite bouteille en plastique remplie d'eau. Tu enfonces le système verticalement dans le terreau, et l'eau s'écoule doucement à travers la céramique, en imbibant bien le terreau.

## Le bon moment pour arroser

Les plantes en pots à la maison ne se reposent pas pendant les mois où il fait froid, et il faut les arroser toute l'année. Il faut juste réduire les arrosages de moitié, car si elles ne se reposent pas, elles vivent quand même au ralenti. Sinon, le meilleur moment pour arroser tes plantes, c'est toujours le matin. Et n'oublie pas de laisser le terreau sécher un peu entre deux arrosages.

# JE NOURRIS MES DRÔLES DE PLANTES

Les plantes mangent en buvant !
En effet, c'est dans l'eau que se trouvent les éléments nutritifs dont elles ont besoin. Dans la terre du jardin, les racines se débrouillent pour trouver toutes seules leur nourriture. Dans un pot, il n'y a pas assez de terre, et tu dois leur apporter de l'engrais...

## Comment voit-on qu'une plante a faim ?

C'est toujours au niveau des feuilles que la plante « dit » qu'elle a faim : certaines se replient sur elles-mêmes; puis elles deviennent molles, puis pendantes; elles peuvent pâlir et/ou jaunir; puis elles finissent par tomber.
Mais l'idéal, c'est de ne pas attendre qu'elle ait faim.

## Quelle est la fréquence des repas ?

Cela dépend des plantes, de leur dimension, mais aussi du type d'engrais que tu leur apportes.
Tu dois donc bien regarder les conseils donnés sur l'étiquette de ta plante quand tu l'achètes, puis surtout bien suivre ce qui est indiqué sur l'emballage de ton engrais. Il ne faut en effet jamais apporter trop d'engrais à une plante, car elle peut en mourir.

## De l'engrais liquide à diluer dans l'eau d'arrosage

Beaucoup d'engrais pour les plantes en pots sont des produits liquides que tu dois mélanger à l'eau d'arrosage.
Regarde bien ce qui est écrit sur la bouteille, pour savoir quelle quantité d'engrais tu dois mélanger à l'eau dans une bouteille ou un arrosoir. Ce n'est pas toujours facile à calculer, alors n'hésite pas à te faire aider par une grande personne.

## Des bâtonnets à enfoncer dans le terreau

Dans les jardineries, tu trouveras aussi de l'engrais sous forme de bâtonnets, ressemblant un peu à des petits Carambar®.

Il suffit de les enfoncer avec ton doigt, verticalement, dans la terre. Au contact de l'eau d'arrosage, le bâtonnet se dissout doucement, et l'engrais se diffuse dans le terreau, à disposition des racines.

Regarde bien ce qui est écrit sur le carton pour savoir combien de bâtonnets tu dois mettre dans tes pots, en fonction de leur diamètre.

## Des petites billes à mélanger au terreau

Très pratiques et efficaces, il existe aussi de l'engrais sous forme de petites billes, généralement brun-jaune et connues sous le nom de *Osmocote*.

Lors de la plantation ou du rempotage, il suffit de les mélanger à la terre, en suivant les recommandations indiquées sur la boîte. À leur contact, l'eau d'arrosage se charge de l'engrais dans l'ensemble du pot, puis le transporte jusqu'aux racines.

# JE REMPOTE MES PLANTES

La terre ou le terreau s'usent au fil des semaines et des mois. Ils ne sont plus capables de retenir l'eau, donc la nourriture des plantes. Il faut alors les remplacer pour que tes plantes continuent à bien pousser. On appelle ça le rempotage.

## Je retire la plante de son pot

Cesse d'arroser ta plante quelques jours avant le rempotage. Le pot se retire plus facilement. Pose une main à plat à la surface du pot, en passant la plante entre tes doigts. Retourne doucement la plante, et enlève le pot avec l'autre main. Si la motte ne vient pas, tape un petit coup sec sur le coin d'une table...

## Je retire le vieux terreau

Ne casse pas la motte, pour ne pas abîmer les racines. En revanche, gratte doucement tout le tour de la motte avec une fourchette. Cela va faire tomber un peu de vieux terreau, puis cela va décoller un peu les racines, ce qui les aidera à coloniser le nouveau terreau.

## Je nettoie le pot

Brosse bien l'ancien pot pour le débarrasser du vieux terreau. S'il s'agit d'un pot en terre cuite, plonge-le ensuite dans une bassine remplie d'eau dans laquelle tes parents auront dilué un peu d'eau de Javel. Ce bain permettra de détruire les germes de maladies qui auraient pu se cacher dans le pot. Une fois sec, tu pourras le réutiliser. Tu peux jeter l'ancien terreau.

## Faut-il rempoter souvent ?

On estime qu'il faut changer les pots des plantes tous les trois ans.
La meilleure période pour rempoter tes plantes qui poussent à l'intérieur, c'est au début du printemps, parce que l'augmentation de la longueur des jours stimule leur croissance, et qu'elles sont en pleine forme pour fabriquer de nouvelles racines.

## Changer de pot ?

C'est une bonne idée de changer de pot. Tes plantes fabriquent en effet toujours de nouvelles racines, et il leur faut donc plus de place au fil des années. Prends un pot un tout petit peu plus grand que l'ancien. Cela suffit.

**Crédits photos**

En couverture, en haut à droite : photo de Narelle Sartain / Getty ;
en bas à gauche : photo de Carol Yepes / Getty

**Direction éditoriale :** Élisabeth Pegeon
**Direction de création :** Laurent Quellet

**Conception graphique :** Chloé Eve
**Direction artistique :** Mathieu Tougne
**Maquette :** Astrid Payet
**Conception graphique de couverture :** Mathieu Tougne

**Suivi éditorial :** Véronique Jeannot
**Suivi de fabrication :** Anne Floutier

Achevé d'imprimer en août 2014 par Edelvives en Espagne.
N° d'édition : F14048

# MES AUTOCOLLANTS

Place ces plantes et ces animaux pages 30-31 ou 48-49.